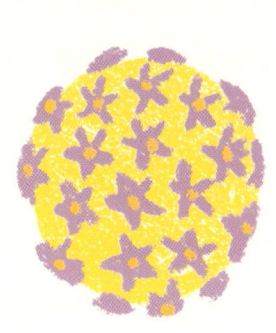

1판 1쇄 발행 2023년 9월 25일

글 라자니 라로카 | **그림** 캐슬린 마코트
편집 전연휘 | **디자인** 원상희 | **마케팅** 양경희
펴낸이 전연휘 | **펴낸곳** 안녕로빈
출판등록 2018년 3월 20일(제2018-000022호)
주소 서울특별시 광진구 아차산로69길 29
T 02 458 7307 **F** 02 6442 7347
robinbooks@naver.com
post.naver.com/robinbooks
@hellorobin_books
hellorobin.co.kr

ISBN 979-11-91942-25-5 77510

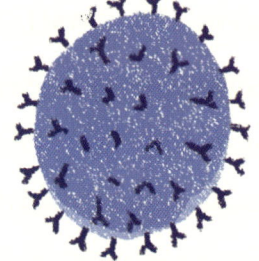

A Vaccine is Like a Memory by Rajani LaRocca and illustrated by Kathleen Marcotte
First published in 2023 in the United States by Little Bee Book
Text copyright © 2023 by Rajani LaRocca
Illustrations copyright © 2023 by Kathleen Marcotte
All rights reserved.
Korean translation copyright © 2023 by Hello Robin
This Korean edition published by arrangement with Little Bee Books through AMO Agency, Korea

이 책의 한국어판 저작권은 AMO 에이전시를 통해 저작권자와 독점 계약한 안녕로빈에 있습니다.
저작권법에 따라 한국 내에서 보호를 받는 저작물이므로 무단 전재와 무단 복제를 금합니다.

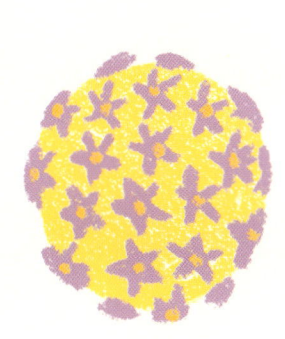

병에 걸렸을 때 얼마나 아팠는지 기억하나요?
우리가 잊었어도, 우리 몸은 기억합니다!

바이러스의 공격으로 한 번 앓았다면,
똑같은 바이러스 때문에 아프지 않을 거예요.
우리 몸이 바이러스를 기억하고 물리치기 때문이에요.

그런데 처음 한 번조차 안 아플 수 없을까요?
처음부터 우리 몸이 바이러스를 알아챈다면 좋을 텐데요.

가능합니다. 백신이 있다면!
백신은 바이러스를 기억해서 물리치는
똑똑하고 용감한 슈퍼 히어로예요.

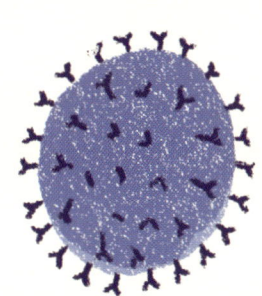

의사가 꿈인 친구, 베로니카와
백신에 대해 알아보아요.

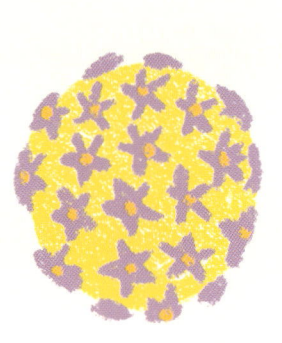

**매사추세츠 종합병원 찰스타운
헬스케어 센터에서 일하는 나의 동료들에게,**

"함께 환자들을 돌볼 수 있어서 영광입니다."

-라자니 라로카

앨리슨에게,

"언제나 나의 여동생으로 있어 줘서 고마워!"

-캐슬린 마르코트

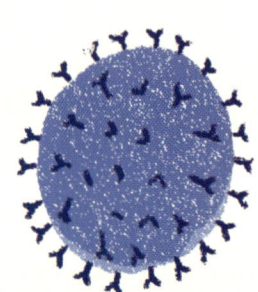

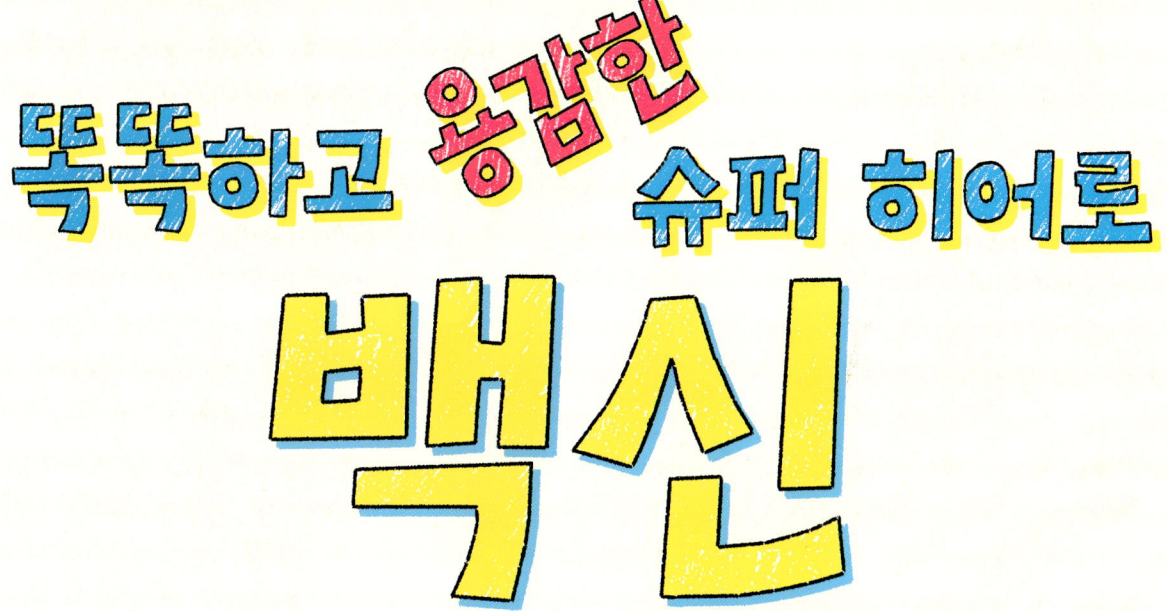

안녕, 베로니카.
지난번 감기에 걸려서 무척 아팠지요? 지금은 다 나았지만,
그때는 무척 힘들었지요? 열이 나고 배가 아팠나요?

기침을 했었나요? 콧물을 흘렸었나요? 목이 아팠었나요?
아팠던 모든 순간이 기억나요? 아팠을 때 몸이 어떻게 변했는지
모두 알고 있나요?

우리가 기억하지 못해도, 우리 몸은 기억할 수 있어요.

감기에 걸려 아팠던 이유는 보이지 않을 만큼 작은 바이러스 때문이에요.

바이러스는 기침이나 재채기할 때, 먹고 마실 때, 만질 때, 심지어 숨을 쉴 때도 쉽게 퍼져요. 대부분은 몸속에서 약한 반응을 일으키지만, 그중 일부는 우리를 아프게 하고 생명을 위협하기도 해요.

하지만 걱정하지 말아요! 우리 몸은 한 번 침입한 바이러스를 기억해요. 다음번에 또 침입하면 싸워서 이길 수 있도록 똑똑히 기억해 두었어요.

우리 몸이 처음 침입한 바이러스도
단번에 알아채서 물리친다면 얼마나 좋을까요?
그러면 처음 한 번도 아프지 않을 텐데요!

놀랍게도 그건 가능한 일이에요.
백신 덕분에 우리 몸은 처음부터
바이러스에 맞서 싸울 수 있게 되었어요.

백신이 나오기 전에는 어디에나 아픈 사람이 많았어요. 여러 가지 세균에 감염되어서 심하게 아프다 죽는 사람도 많았지요.

수백 년 동안 사람들을 두려움에 떨게 했던 바이러스 중 하나는 **천연두**였어요. 천연두에 걸리면 물집이 생겨서 온몸이 가렵고, 고열과 두통으로 심하게 아팠어요. 하지만 왜 병에 걸렸는지 아무도 알지 못했었죠. 감염을 막는 방법을 찾으려고 애썼지만 어려운 일이었어요.

한 마을에서 단 한 명이라도 감염되면 **바이러스**가 순식간에 퍼졌지요.
가족과 이웃이 죽었고 마을 전체가 사라지기도 했어요.

아픈 사람을 돌보았던 의사들은 한 가지 사실을 알게
되었어요. 천연두에 걸렸다가 살아남은 사람들이
또다시 그 병에 걸리는 일이 없다는 거예요.

1700년에 의사들은 감염을 피할 방법을 생각해 냈어요. 사실 중국과 인도에서는 200년 전부터 있었던 방법이에요. 아주 적은 양의 천연두 바이러스를 사람 몸 안에 주사해요. 몸이 바이러스를 기억하고 물리칠 힘을 기르도록 하는 거지요. 현대의 백신을 발명하기 전에는 이렇게 살아있는 병균을 사람 몸에 접종했어요.

의사들은 천연두 염증에서 조직을 조금 떼어낸 다음, 감염되지 않은 사람들에게 병균을 접종했어요.

주사를 맞은 사람들은 열이 나고 염증이 생겼어요. 하지만 천연두에 걸린 사람보다 증상이 훨씬 가벼웠어요. 그들은 쉽게 회복했고 천연두에 걸리지 않았어요.

1796년 영국의 의사 에드워드 제너는 중요한 것을 확인했어요. 우두를 앓은 사람들이 천연두에 걸리지 않는다는 사실이에요. **우두**는 소에게 발생하고 사람에게 옮겨지는 병이에요. 천연두와 증상이 비슷하지만, 훨씬 가벼운 바이러스 질병이지요.

제너는 우두 조직을 이용해서 천연두를 예방하는 **백신**을 개발했어요. 이것이 첫 번째 백신이에요. 'vaccine(백신)'이라는 이름도 제너가 지었어요. '소'를 뜻하는 라틴어 'vacca(바카)'에서 따와서 지은 거예요.

제너의 백신 연구에 영감을 준 사람들

1721년에 미국 보스턴에서 천연두가 집단 발병했어요. 많은 사람이 감염되었지만, 아프리카 노예 소년 오네시무스는 감염되지 않았어요. 어렸을 때 고향에서 천연두 균을 접종한 덕분이라고 마을의 코튼 매더 목사에게 말했어요. 목사는 의사들에게 편지를 썼어요. 균을 접종하면 수많은 생명을 구할 수 있다고 말했죠. 하지만 의사들은 노예의 말을 믿을 수 없다며 무시했어요. 다행히 단 한 사람, 잡디엘 보일스턴 의사가 연락했어요. 보일스턴은 여러 번 실험을 한 후에 바이러스 접종이 생명을 구할 수 있다고 확신했습니다. 목사와 의사는 다른 이들의 강력한 반대를 무릅쓰고 수백 명의 사람에게 균을 접종했어요. 그 결과 천연두가 전염되는 것을 막을 수 있었어요. 비록 접종한 사람 중 6명이 사망했지만, 접종하지 않은 경우와는 비교할 수 없는 숫자였답니다. 에드워드 제너는 천연두를 막는 우두 백신을 연구할 때 코튼 매더와 보일스턴의 결과 보고서를 참고했답니다.

1813년 미국에서 국가 백신 기관이 최초로 생겼어요.
덕분에 미국에서는 모든 사람이 천연두 백신을 접종할
수 있게 되었어요.

백신을 접종하는 지역마다 천연두 때문에
죽는 사람이 크게 줄었어요.

1800년대부터 현재까지 백신은 홍역, 볼거리, 소아마비 같은 수백만 건의 질병과 사망을 막았어요.
예전에는 백신을 개발할 때 상처에서 병균 조직을 얻었지만, 지금은 의사와 과학자들이 안전하고 효과적인 방법으로 백신을 개발하기 위해 노력하고 있어요.

백신은 사람들이 병에 걸리지 않도록 돕고 있습니다.

세계 최대 개 썰매 경주 아이디타로드의 유래

1925년 미국 알래스카주 놈 시에서는 치명적인 디프테리아가 발생했어요. 디프테리아균이 빠르게 퍼지면서 마을 전체가 위험에 빠졌어요. 마을 사람들을 살리기 위해서는 면역이 생긴 동물의 혈액 속 항혈청이 간절히 필요했어요. 개 썰매가 항혈청을 싣고 1,084km의 먼 거리를 달려야 했습니다. 20명의 사람과 150마리의 개가 무려 5일 동안 쉬지 않고 달렸어요. 덕분에 항혈청이 안전하게 도착했고 마을을 전염병에서 구했어요. 이 일로 맨 앞에서 개무리를 이끌고 달렸던 개 토고와 발토가 전국적으로 유명해졌어요. 이때부터 알래스카는 개들의 헌신적인 활약을 기념하려고 해마다 아이디타로드 개 썰매 경주를 개최하고 있어요.

똑똑하고 용감한 슈퍼 히어로 백신은
우리 몸에서 어떻게 작동할까요?

우리 몸의
면역 체계

병에 걸리면 감염을 막는 **면역 체계**가 일을 해요. 면역 체계의 세포들은 바이러스나 세균이 우리의 것이 아니라는 것을 알아차려요. **백혈구**라고 불리는 면역 세포는 외부 침략자를 공격하고 파괴하기 위해 작동합니다.

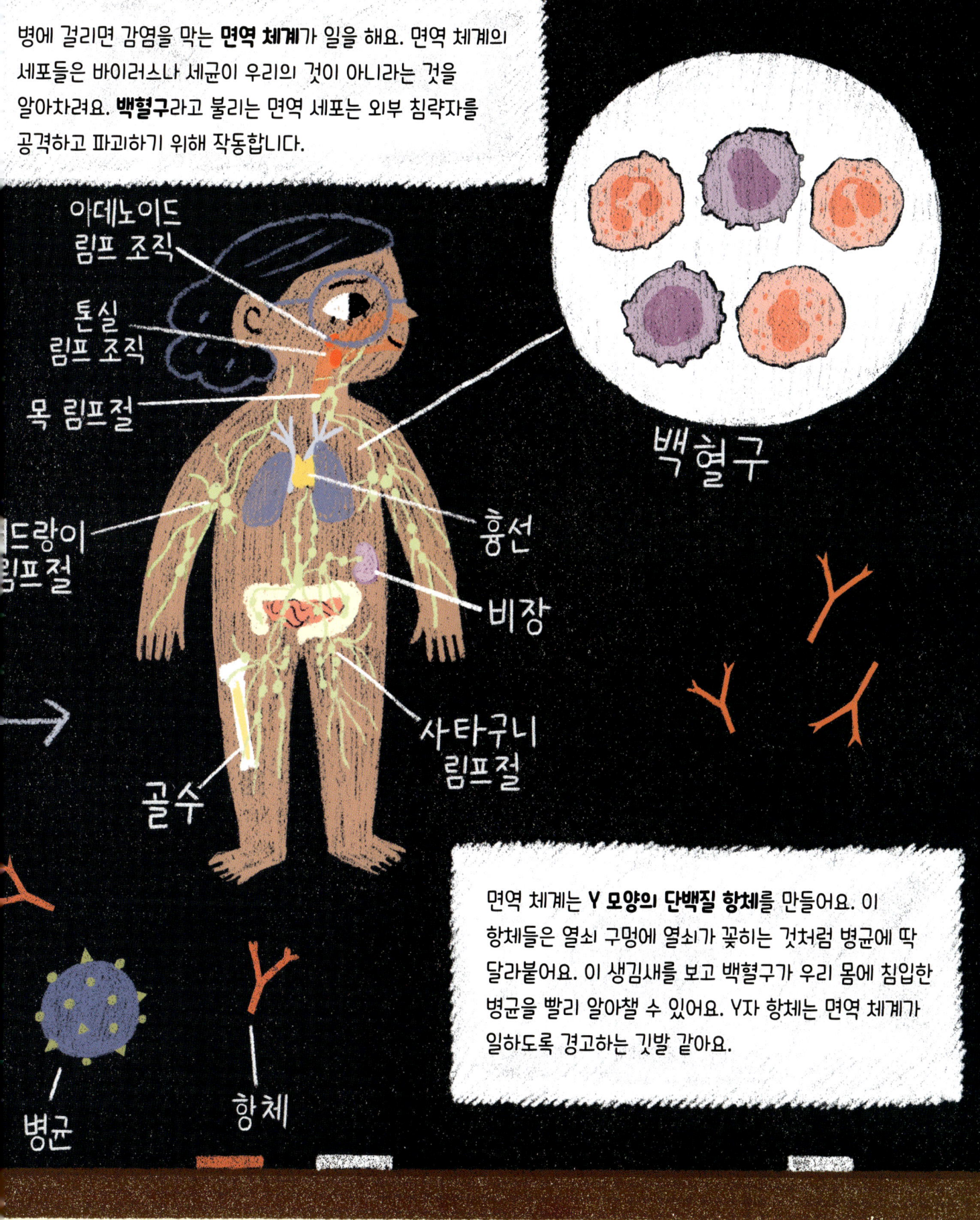

면역 체계는 **Y 모양의 단백질 항체**를 만들어요. 이 항체들은 열쇠 구멍에 열쇠가 꽂히는 것처럼 병균에 딱 달라붙어요. 이 생김새를 보고 백혈구가 우리 몸에 침입한 병균을 빨리 알아챌 수 있어요. Y자 항체는 면역 체계가 일하도록 경고하는 깃발 같아요.

백신이 작동하는 원리는 면역 체계의 작동 원리와 같습니다. 면역 체계는 외부로부터 침입하는 병원체(세균, 바이러스)를 알아채고 이들을 공격하여 제거합니다. 그리고 한 번 반응한 병원체는 기억해서 다음번에는 더 빠르고 효과적으로 방어합니다.

지금도 의사와 과학자들은 새로운 백신을 개발해요. 백신으로 승인받기 위해서는 여러 차례의 실험을 통과해야 해요. 사람들에게 접종하기 전에 효과가 좋고 안전하다는 것을 증명해야 하지요.

백신 접종을 하고 나면 주사 부위가 붓고 가벼운 열이 나거나 피로해질 수 있어요. 어떤 사람은 알레르기 반응이나 다른 문제가 생길 수 있어요. 하지만 이런 경우는 매우 드물어요. 사람들은 보통 백신에 약하게 반응해요.

2019년 말에 전에 없던 신종 바이러스가 발생했어요.
코로나바이러스예요. SARS-CoV-2 또는 **COVID-19**라고도
부릅니다. 코로나바이러스는 빠른 속도로 전 세계에 퍼졌고
수많은 사람이 감염되었어요.

COVID-19에 걸린 사람들은 열이 나고 기침하고 냄새를 맡지 못했어요.
그중 일부는 병에 걸렸다는 걸 모를 정도로 증상이 없었지만, 불행하게도
많은 사람이 아파하고 사망했어요.

COVID-19는 전염성이 매우 강했어요. 감염을 막기 위해 사람들은 공공장소에서 마스크를 쓰고 손을 자주 씻었지만, 전염을 막을 수 없었어요. 학교와 회사가 문을 닫았고, 여행을 할 수 없게 되었어요. 가족과 친구와도 멀리 떨어져 있어야 했어요. 손을 잡거나 안을 수 없었어요. 심지어 서로 만날 수조차 없었어요.

과학자들은 이 신종 바이러스를 막을 백신을 만들기 위해 밤낮으로 연구했어요. 2020년 12월 COVID-19 백신을 만들어 냈어요. 이건 이전에 없었던 놀랍도록 빠른 성과예요. 국가가 효과와 안전성을 검증한 다음 백신을 승인하고 체계적으로 국민에게 접종했어요.

COVID-19 백신은 코로나로 힘들어하는 많은 사람에게 희망의 빛이 되어줬어요.

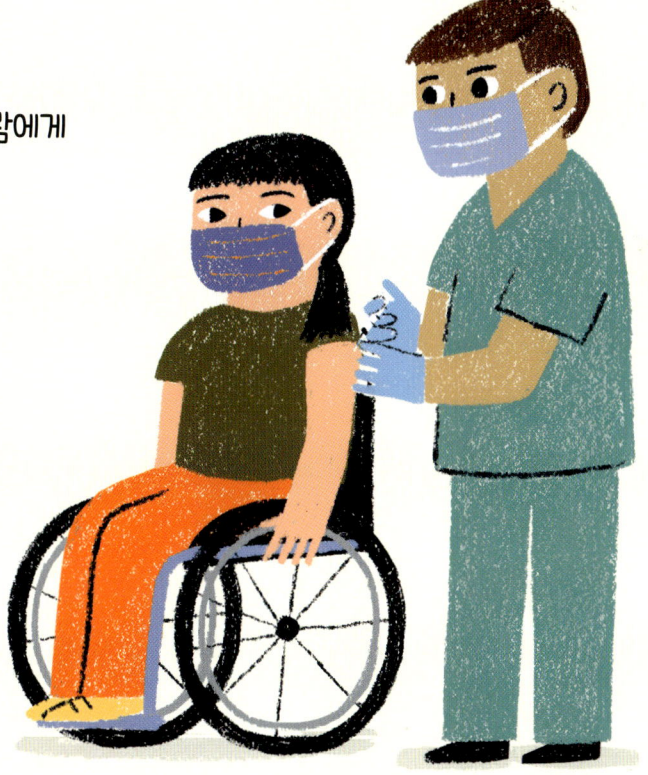

백신 덕분에 학교와 회사가 다시 문을 열었어요.

백신은 심각한 병에 걸리지 않도록 도와줘요.
백신을 맞지 않으면 바이러스에 감염될 수 있어요.
백신을 맞는 것은 정말 중요해요.

백신 덕분에 소아마비와 천연두가 완전히 없어졌어요. 홍역과 디프테리아는 백신을 쉽게 구할 수 있는 나라에는 환자가 거의 없어요. 하지만 백신을 구하기 어려운 나라에서는 여전히 사람들이 홍역을 앓고 디프테리아에 걸리지요.

베로니카, 백신이 우리와 우리가 사랑하는 사람들을 보호한다는 것을 이제 알았죠? 다음번 예방 접종을 할 때는 백신이 우리 몸에서 어떤 대단한 일을 해내는지 기억해요.

감염병에 걸리는 이유가 있어요

세균: 흙과 물, 동물과 식물 등 우리 주변에 흔한 아주 작은 단세포 생물체예요. 인간의 소화계에 사는 일부 세균은 인간에게 도움을 주지만, 오염된 곳에서 번식하는 세균은 여러 가지 질병을 일으켜요.
예: 대장균(심한 설사, 요로 감염 유발), 연쇄상 구균(인후 감염, 피부 감염 유발)

곰팡이: 흙과 물 식물과 동물, 부패한 물질 등 우리 주변 어디에나 많습니다. 곰팡이는 식물을 분해하여 자연의 순환을 돕는 역할을 합니다. 세균을 죽이는 항생제와 항독소를 개발하는 데 사용됩니다. 그러나 어떤 세균들은 우리의 건강을 위협합니다
예: 칸디다(발진, 가려움 유발), 피부사상균(피부 백선증의 원인)

기생생물: 다른 생물의 몸에 붙어살면서 양분을 빼앗거나 그 생물을 잡아먹어요.
예: 말라리아원충(말라리아의 원인), 머릿니(가려움, 발진 유발)

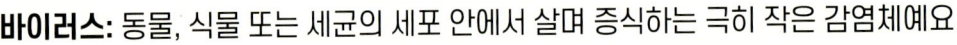

바이러스: 동물, 식물 또는 세균의 세포 안에서 살며 증식하는 극히 작은 감염체예요.
예: 아데노바이러스(감기 유발), 수두_대상포진 바이러스(수두 유발), 인플루엔자(독감 유발), 사스코로나바이러스(COVID-19 유발)

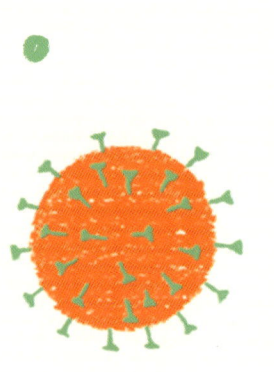
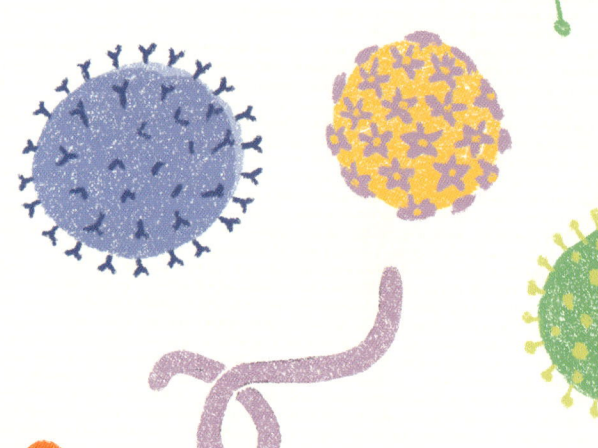

위험한 감염병이지만 우리에게는 백신이 있어요

- **광견병:** 마비 증상이 나타나고 성내며 날뛰는 사람도 있어요.
- **결핵 :** 균이 영양분을 소모해서 기운이 없어지고 체중이 줄어요. 주로 폐에 감염돼요.
- **디프테리아:** 목구멍 뒤쪽에 흰색의 막이 생겨요. 먹거나 숨을 쉴 수 없어요.
- **백일해:** 목구멍이 붓고 심한 기침으로 구토가 나요. 영유아에게 특히 위험해요.
- **소아마비:** 근육이 마비되어 장애를 일으킬 수 있어요.
- **수막염구균:** 뇌와 척수에 감염돼요. 독감과 비슷하지만, 치료 시기를 놓치면 독감보다 위험해요.
- **인플루엔자:** 기침, 오한, 발열, 몸살이 생겨요. 폐렴으로 발전하면 위험해요.
- **장티푸스 :** 발열과 복통 등의 증상이 나타나는 급성 전신 감염병이에요.
- **COVID-19**: 발열, 기침, 몸살, 콧물, 인후통, 두통, 설사, 미각 후각 상실 등 증상이 다양해요. 통증이 심하고 합병증이 생기면 위험해요.
- **콜레라:** 열이 오르고 설사가 심하게 나요. 심각한 탈수가 생기지 않도록 조심해야 해요.
- **파상풍 :** 근육 경련과 마비 증상이 발생해요. 사망률이 높은 질병이에요.
- **폐렴:** 폐, 뇌, 척수 주변으로 감염돼요. 면역이 약하면 폐렴, 수막염까지 발생해요.
- **황열:** 발열, 피로, 복통이 생기고 눈과 피부가 노랗게 변색하는 황달이 생겨요.
- **헤모필루스 인플루엔자**: 폐렴, 중이염, 후두개염, 관절염 등을 일으켜요.
- **홍역:** 열이 오르고 기침이 나요. 붉은 발진이 온몸에 퍼져요.

여러 가지 방법으로 백신을 만들어요

1. 살아있는 약한 독성의 바이러스 백신

실험실에서 약하게 만든 바이러스를 적은 양 접종해요. 일반적으로 이 백신을 접종하면 면역체계가 작동해서 항체가 만들어집니다. 이 반응은 강력해서 몇 년 동안 지속됩니다. 그러나 면역체계가 약하거나 특정 약물을 복용하는 일부 사람들에게 이러한 백신을 접종해서는 안 됩니다. 이러한 종류의 백신의 예는 다음과 같습니다.

- 홍역, 볼거리, 풍진(MMR)
- 로타바이러스
- 수두(Varicella)
- 천연두

2. 죽은 바이러스 백신

죽은 바이러스도 신체의 면역 반응을 자극합니다. 하지만 면역 체계는 이러한 유형의 백신에는 강력하게 반응하지 않습니다. 그래서 여러 번 접종하고 추가 접종을 해야 합니다. 예를 들면 다음과 같습니다.

- 인플루엔자
- 소아마비
- A형 간염
- 광견병

3. 세균의 특정 부분에 작용하는 백신

이 백신은 단백질, 다당류, 펩타이드와 같은 세균의 특정 부분에 작용하여 면역 체계를 자극합니다. 질병을 일으킬 위험이 없으므로 면역 체계가 약한 사람이 사용하기에 안전합니다. 일반적으로 시간이 지남에 따라 추가 접종을 해야 합니다.

- 폐렴구균
- B형 헤모필루스 인플루엔자(HiB)
- B형 간염
- 대상포진
- 수막염구균
- 백일해(백일해)
- 인유두종바이러스

4. 독소에 대응하는 톡소이드 백신

병원체가 아닌 병원체가 만들어 낸 독소에 대응하도록 만든 백신입니다. 백신을 접종하면 몸속에서 항독소 항체가 생겨납니다. 항체가 독소를 중화해서 증상이 발생하지 못하게 하는 동안 면역 체계가 원인 세균을 제거하면 증상 없이 병을 물리칠 수 있습니다.

- 파상풍
- 디프테리아

5. mRNA 백신

처음 개발한 두 개의 COVID-19 백신은 메신저 RNA 또는 mRNA라는 분자를 사용하는 완전히 새로운 유형의 백신이었습니다. mRNA는 인체에 단백질을 만드는 법을 알려주는 유전 물질입니다. 실험실에서 과학자들이 COVID-19 바이러스의 "스파이크 단백질"을 "암호화"하는 mRNA 백신을 만들었습니다. mRNA 백신이 근육 세포에 들어가면 세포는 이를 이용해 COVID-19 스파이크 단백질을 만들어 세포막 바깥쪽에 붙입니다. 그러면 신체의 면역 체계가 반응하여 바이러스에 감염되지 않도록 항체를 만들어 냅니다.

- COVID-19

6. 아데노바이러스 백신

이 백신은 질병의 유전 정보를 다른 바이러스(이 경우 감기를 유발하는 아데노바이러스)에 떨어뜨립니다. 그러면 신체의 면역 반응을 자극하는 단백질이 만들어집니다. 이 백신에서 가장 중요한 것은 백신을 접종받는 사람이 이전에 같은 유형의 아데노바이러스에 걸린 적이 없어야 합니다. 그래서 과학자들은 COVID-19 아데노바이러스 백신에 침팬지 아데노바이러스를 사용했습니다. 과학자들은 인간 세포에 들어갈 수 있도록 침팬지 아데노바이러스를 변형했습니다. 이 바이러스는 인간 세포 안에서 복제할 수 없고 인간을 아프게 하지 않습니다. 이 백신은 면역 반응이 매우 강하기 때문에 효과적입니다. 그렇기 때문에 여러 유형의 아데노바이러스 백신이 연구되고 있습니다.

- COVID-19
- 에이즈
- 결핵
- 에볼라
- 말라리아

참고 문헌

- 질병 예방 센터, <mRNA COVID-19 백신의 이해> 2021년 9월.
  https://www.cdc.gov/coronavirus/2019-ncov/vaccines/different-vaccines/mRNA.html
- 막스 코즐로프(Max Kozlov), <접종 소개, 1721> The Scientist online, (2021년 1월). 2022년 6월.
  https://www.the-scientist.com/foundations/introducing-inoculation-1721-68275
- 필라델피아 의과 대학, <백신의 역사> 2021년 9월.
  https://www.historyofvaccines.org/timeline
- 미국 보건복지부, <안전한 백신> 2021년 9월.
  https://www.hhs.gov/immunization/basics/safety/index.html

글 라자니 라로카

인도에서 태어나 켄터키에서 자랐습니다. 지금은 멋진 가족과 엄청나게 귀여운 강아지와 함께 보스턴에서 살고 있습니다. 그녀는 하버드 의과 대학을 졸업했으며, 병원에서 환자를 진료합니다. 환자를 진료하지 않는 시간에는 소설과 그림책을 쓰고, 달콤한 간식을 굽는 데 많은 시간을 보냅니다. 그녀가 쓴 첫 작품은 초등학생 독자를 위해 쓴 <한여름의 폭력 Midsummer's Mayhem>으로, 셰익스피어의 <한여름 밤의 꿈>을 인도계 미국 소녀를 주인공 삼아 각색한 책입니다. 부모의 기대와 자신이 좋아하는 것 사이에서 정체성 혼란을 겪는 여자아이의 시선을 그린 청소년 도서 <빨강, 하양 그리고 완전한 하나 Red, White, and Whole>로 2022년 뉴베리 아너를 수상했습니다. 그 외 도서로는 <Much Ado About Baseball>, <The Secret Code Inside You>, <Seven Golden Rings>가 있습니다.

RajaniLaRocca.com | @RajaniLaRocca.com

그림 캐슬린 마르코트

미국 시카고에서 나고 자랐습니다. 그녀는 메릴랜드주 볼티모어로 이사하여 메릴랜드 볼티모어 미술 학교(Maryland Institute College of Art(MICA)에서 일러스트레이션으로 학위를 받았습니다, 지금은 오하이오주 클리블랜드에 살고 있습니다. 캐슬린은 어린이와 어른 모두가 좋아하는 장난기 넘치는 그림을 그리는 것을 좋아합니다. 그녀는 뉴욕에 기반을 둔 미국 일러스트레이터 협회(Society of Illustrators), 미국 일러스트레이션(American Illustration) 및 <3×3> 잡지에서 인정받았습니다. 그림을 그리지 않을 때, 메트로팍스를 달리는 그녀를 발견할 수 있습니다. 또 그녀는 흥미로운 팟캐스트를 즐겨 듣고, 울부짖는 그녀의 개 쿠마와 유키를 훈련시킵니다.

kathleenmarcotte.com | @ktmarcotte